AF312237

16. et 17 Février 1906

marqué
99 P

VENTE

HOTEL DROUOT — SALLE N° 11

Les Vendredi 16 et Samedi 17 Février 1906

A 2 HEURES 1/4

BEAUX MEUBLES

DES ÉPOQUES

Louis XIII, Louis XV, Louis XVI et Premier Empire

AUTRES DE STYLE

OBJETS D'ART

SCULPTURES, BRONZES, PORCELAINES, FAIENCES

TABLEAUX

AQUARELLES — MINIATURES — BIJOUX — DENTELLES

TAPISSERIE

Me F. LAIR-DUBREUIL
COMMISSAIRE-PRISEUR
6, Rue de Hanovre, 6

M. Arthur BLOCHE
EXPERT PRÈS LA COUR D'APPEL
51, Rue Saint-Georges, 51

EXPOSITION PUBLIQUE

Le Jeudi 15 Février 1906, de 2 heures à 6 heures

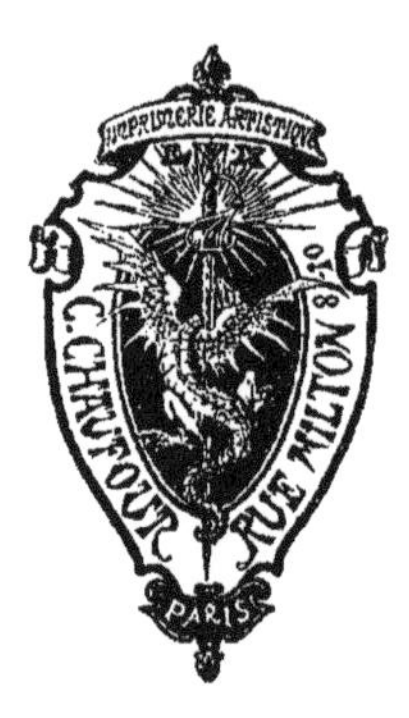

IMPRIMERIE ARTISTIQUE
C. CHAUFOUR
RUE MILTON 8 & 10
PARIS

CONDITIONS DE LA VENTE

La vente sera faite expressément au comptant.

Les acquéreurs paieront *dix pour cent* en sus des enchères.

L'exposition mettant le public à même de se rendre compte de la nature et de l'état des objets, aucune réclamation ne sera admise une fois l'adjudication prononcée.

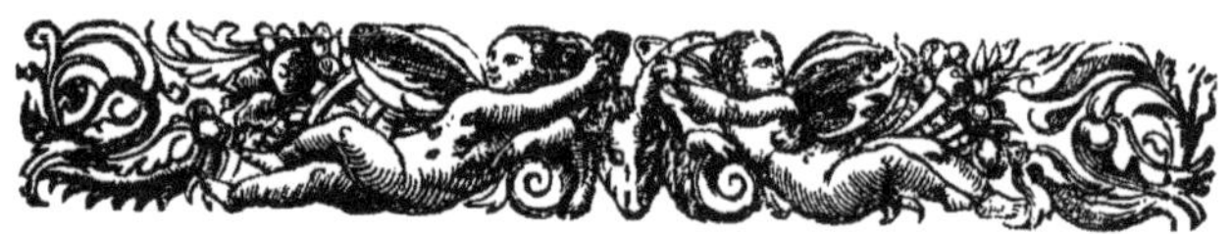

DÉSIGNATION

MEUBLES

1 — Beau meuble de salon en bois sculpté peint gris de style Louis XVI garni en velours gris ciselé sur fond de satin rouge. Composé de : Un canapé, six fauteuils.

2 — Meuble à deux corps formant bureau-bibliothèque en marqueterie de bois à fleurs. Travail hollandais, XVIIIe siècle.

3 — Grand bureau formant cartonnier et bibliothèque en racine de bois et marqueterie. Epoque Premier Empire.

4 — Bureau à cylindre en acajou d'époque Louis XVI, dessus de marbre à galerie de cuivre.

5 — Bahut ancien à deux corps en chêne sculpté ouvrant à quatre vantaux.

6 — Chiffonnier Louis XVI en chêne sculpté, ouvrant à six tiroirs, poignées en cuivre.

7 — Coffre ancien en chêne sculpté.

8-9 — Deux tables à jeu en acajou à filets de cuivre.

10 — Commode formant secrétaire en bois de rose et palissandre ouvrant à trois tiroirs et garnie de bronzes, dessus de marbre. Epoque Louis XV.

11 — Bureau à quatre faces en palissandre et marqueterie. Epoque Louis XV.

12 — Armoire en bois sculpté ouvrant à deux portes vitrées. XVIII· siècle.

13 — Table en bois sculpté Louis XIII.

14 — Table de même époque en bois sculpté.

15 — Bureau bonheur du jour en acajou et cuivres. Epoque Louis XVI.

16 — Petite servante en acajou et filets de cuivre. Epoque Louis XVI.

17 — Baromètre en bois sculpté et doré d'époque Louis XVI.

18 — Deux panneaux de glaces ; encadrements à
frontons en bois sculpté et doré d'époque
Louis XV.

19 — Deux encadrements de glaces en bois
sculpté et doré, modèle à palmes, rocailles et
guirlandes de fleurs.

20 — Panneau de glace en bois peint blanc surmonté d'un trumeau à sujet galant et accom-
pagné d'une console d'applique en bois doré à
dessus de marbre.

21 — Console demi-lune en bois sculpté et doré
sur deux pieds à cannelures. Epoque
Louis XVI.

22 — Console en bois sculpté et doré de style
Louis XVI à cannelures et pointes d'asperges ;
sur deux pieds à sabots.

23-24 — Deux consoles en bois sculpté et doré
de style Louis XV dont une à dessus de marbre.

25 — Petit bureau de dame en bois de rose et
palissandre orné de bronzes. Style Louis XV.

26 — Fauteuil et deux chaises en acajou. Premier Empire, recouverts en soie cerise.

27 — Ecran en bois sculpté de style Louis XV,
feuille en tapisserie au point : Le Concert
champêtre.

28 — Fauteuil de bureau en noyer garni de
canne et de cuir. Epoque Louis XVI.

29 — Fauteuil en bois sculpté et doré garni de
canne. Style Louis XV.

30 — Fauteuil forme dite Dagobert, en noyer
sculpté.

31 — Paravent à trois feuilles peintes : Jeux
d'enfants.

32 — Grande glace biseautée, cadre en bois
sculpté et doré.

33 — Grande glace, cadre doré, fronton à couronne de baron.

34 — Table à thé en palissandre.

35 — Jolie petite table Louis XV en bois de rose et de violette, richement ornée de bronzes ciselés et dorés et de plaques de porcelaine représentant les saisons, entrejambe avec vase de flammes, dessus en porphyre.

36 — Belle chambre à coucher de style Louis XIII en noyer sculpté, composé : d'un lit de milieu (avec sa literie), de deux tables de nuit, dessus en marbre blanc, d'une armoire à glaces. s'ouvrant à deux portes, et d'une psyché.

37 — Grande commode de forme bombée ouvrant à deux tiroirs en bois de rose et marqueterie, dessin à grands trèfles, garnie de bronzes dorés, dessus en marbre brocatelle d'Espagne. Epoque Louis XV.

38 — Bureau plat en bois de palissandre garni de bronzes ciselés et dorés, montants à cariatides. Style Régence.

39 — Commode en bois de palissandre richement garnie de bronzes, de forme très bombée. Epoque Louis XIV.

40 — Bibliothèque à hauteur d'appui en palissandre sculpté. Style Louis XV.

41 — Deux fauteuils et six chaises à dossiers
sculptés, paillées. Epoque du Directoire.

42 — Petite toilette psyché en acajou et bois
sculpté à figures de sphinx ailés. Premier
Empire.

43 — Deux consoles d'angles en bois sculpté et
doré, dessus en marbre. Epoque Premier
Empire.

44 — Psyché, Premier Empire, en acajou orné
de bronzes.

45 — Bergère et deux chaises de style Louis XVI
en bois sculpté et doré, couvertes en soierie
rayée rose.

46 — Support en bois de fer sculpté.

47 — Meuble vaisselier ancien en bois sculpté.

48 — Causeuse en bois sculpté et doré, foncée de canne dorée.

49 — Bahut breton en bois sculpté à personnages.

50 — Glace, cadre en bois doré. Epoque Louis XIV.

51 — Glace, cadre laqué rose rehaussé de dorure.

52 — Buffet à deux corps en noyer sculpté et ciré de style Louis XVI.

53 — Deux meubles argentiers noyer sculpté et ciré, de même style.

53 *bis* — Piano à queue en palissandre d'Erard.

BRONZES

54 — Grand vase forme ovoïde avec couvercle en bronze offrant en haut relief des dragons, des chimères et des oiseaux dans des paysages. Le pied orné de lambrequins, le couvercle surmonté d'une chimère, travail de l'Extrême-Orient.

Il pose sur un support ou socle de plusieurs étages en noyer sculpté avec galerie à jours et guirlandes de lauriers, travail français de style Louis XVI. Vase : haut. : 1^m36. Socle : haut. : 0^m94.

55 — Pendule avec son socle d'applique en marqueterie à fonds d'écaille et de bois garnie de bronzes. Louis XV.

56 — Pendule Louis XVI en biscuit; socle en marbre décoré d'une frise et de perlé en bronze doré; le cadran est surmonté d'une figurine d'Atlas.

57 — Buste de Mercure en bronze, socle en porphyre.

58 — Statuette en bronze : le Joueur de cymbales.

59 — Statuette en bronze par Amélie Casini : Jeune fille effeuillant une fleur; Un peu.

60 — Groupe en bronze formant jardinière, par Stanié : Nymphe à la fontaine socle en marbre rouge.

61 — Stuatuette en bronze : Voltaire, d'après HOUDON.

62 — Groupe en bronze : la Moisson, de DEBUT.

63 — Chien en bronze, de DEBUT.

64 — Paires de grands candélabres à neuf lumières en bronze ciselé et doré. de style Renaissance, de la maison BARBEDIENNE.

65 — Paire de flambeaux Louis XVI en bronze.

66 — Garnitures de trois pièces : brûle-parfums et deux vases en émail peint de Chine, fond gros bleu.

67 — Potiche et son couvercle en bronze du Japon.

68 — Paire de chenets en bronze argenté. Style Louis XV.

69 — Deux vases à couvercles en émail chinois fond bleu turquoise.

70 — Tam-tam chinois, monture en bois de fer.

71 — Deux petites aiguières en bronze, anses formées de dragons.

72 — Verseuse et boite en étain.

73 — Brûle-parfums sur socle ajouré en bronze chinois.

74 — Lampe en bronze à patine brune. Style Renaissance.

75 — Groupe de trois petits personnages chinois sur socle en bronze.

76 — Quadrupède et oiseau en bronze du Japon.

77 — Presse-papiers lézard en bronze. Petit monument en pierre de lard. Paire de mouchettes en cuivre.

78 — Grand vase en ancien bronze chinois à anses mobiles.

79 — Deux petits brûle-parfums en bronze chinois à gorge ajourée.

80-81 — Deux lustres en bronze doré.

82 — Lustre en bronze et cristaux à neuf lumières électriques.

83 — Lustre à huit lumières en cuivre ajouré.

84 — Vase à couvercle en bronze, décor en
relief d'amours musiciens et d'ornements.

85 — Brûle-parfums en bronze chinois.

86 — Deux bas-reliefs en métal à sujets religieux.

87 — Paire de flambeaux cassolettes Louis XVI
en bronze ciselé parties dorées.

88 — Statuette de femme allégorique, bronze à
patine dorée et argentée, signée DEVAULX.

89 — Paire de flambeaux en cuivre, tige à serpents enroulés.

90 — Deux coupes en bronze doré décorées de
feuillages en relief, couvercles surmontés d'un
héron.

SCULPTURES

91 — Deux statues anciennes en pierre sculpté,
amours tenant des grappes de raisin.

92 — Groupe en marbre blanc : le Cyclone, par
d'Epinay.

93 — Statuette en marbre blanc : Faune jouant
de la flûte.

94 — Statuette en marbre : Psyché.

95 — Statuette de Gladiateur en marbre blanc,
par Bridon.

96 — Buste de jeune femme en marbre blanc,
par Francheschi.

97 — Groupe en terre cuite : le Départ pour la
chasse.

98 — Statuette en bois doré : l'Amérique.

99 — Statuette de divinité les mains jointes en
bois sculpté et laqué rouge.

100 — Deux petits bustes de femmes en marbre
sculpté, dans le goût du XVIIIe siècle.

PORCELAINES, FAÏENCES

101 — Deux assiettes en vieux Chine décor à fleurs et lambrequins.

102 — Six assiettes en vieux Chine à décors variés.

103 — Quatre assiettes en vieux Chine décor de coqs et fleurs.

104 — Deux plats en faïence de Moustiers à décor bleu.

105 — Deux assiettes en faïence décor à la corne.

106 — Deux assiettes en porcelaine à la Reine et de la Courtille, décor à fleurs.

107 — Plat long et deux autres plus petits en porcelaine de Chine, décor à fleurs et rosaces.

108 — Deux bouteilles à longs cols en porcelaine de Chine bleue décor de fleurs en or.

109 — Deux grands vases à couvercles en terre vernissée du Maroc.

110 — Deux plats creux en Chiné décor bleu à la pagode.

111 — Plat en faïence de Rouen, décor bleu à corbeille fleurie.

112 — Plateau en faïence de Marseille, décor au chinois.

113 — Bol en vieux Chine à décor polychrome.

114 — Groupe en grès émaillé de Chine.

115 — Paire de lampes formées de potiches en porcelaine du Japon, montures en bronze.

116 — Grand plat en ancienne porcelaine du Japon, décor polychrome.

117 — Assiette en même porcelaine.

118 — Plat en faïence italienne dans un cadre en bois noir.

119 — Deux plats en porcelaine du Japon, décor bleu.

120 — Deux buires en faïence italienne anses formées de serpents.

121 — Paire de vases en porcelaine de Chine,
fond bleu à décor blanc.

122 — Bouteille à long col en porcelaine de Chine
bleu turquoise.

123 — Deux grands plats en porcelaine du Japon,
décor en bleu, rouge et or.

124 — Fontaine à thé en terre émaillée de Chine
enfermée dans un petit meuble en bois des
îles.

125 — Jardinière formée par une soupière en
ancienne porcelaine de Chine sur pied en
bronze.

126 — Trois vases antiques en terre décorée de
sujets variés.

127 — Deux vases à couvercles en porcelaine de
Sèvres fond rose.

128 — Grand vase en forme d'urne en porcelaine
de Vienne.

129 — Ours marchant en porcelaine blanche.

130 — Petit sucrier à couvercle en porcelaine
jaune à décor doré. Premier Empire.

131 — Tasse trembleuse avec présentoir et couvercle en porcelaine blanche de Limoges,
décor en or, de fleurs et d'oiseaux.

132 — Deux petits porte-bouquets porcelaine du
Japon.

133 — Deux petites tasses en porcelaine de Wesp,
décor en camaïeu violet.

134 — Deux petites tasses avec soucoupes en porcelaine fond vert décorée époque Premier
Empire.

135 — Petite coupe à couvercle en porcelaine de
Derby à semis de roses, petite corbeille en
biscuit.

136 — Bonbonnière ronde en porcelaine gros bleu
et or, décorée d'un sujet : la Jeune mère.

137 — Petit groupe en porcelaine de Saxe : le
Colin-Maillard.

138 — Seize assiettes en faïence de Montereau et
de Creil.

139 — Sucrier et deux flacons en porcelaine
décorée, dans une boite en marqueterie de
cuivre.

140 — Paire de potiches en porcelaine de Chine.

141 — Cache-pot en porcelaine gros bleu, monture en bronze.

142 — Bonbonnière en porcelaine décorée.

143 à 145 — Onze pièces : Plats et assiettes en
faïence de Delft et autres. Sera divisé.

146 à 148 — Sous ce numéro seront vendues
quelques pièces en porcelaine et faïence.

149 — Vase en porcelaine de Sévres décor partie
fond rose, partie fond blanc à ornements.

150 — Vase en porcelaine de Sèvres décor à
plantes fleuries.

151 — Vase en porcelaine décorée à sujets cham-
pêtres, monture en bronze doré de style
Louis XVI.

152 — Deux petits bols en ancienne porcelaine de Chine, décor à fleurs et personnages.

153 — Tasse avec soucoupe-présentoir, en ancienne porcelaine de Chine, décor à personnages et inscriptions.

154 — Soupière en faience de Rouen, décor à fleurs et rocailles.

155 — Grande potiche avec couvercle en faience de Nevers fond bleu, décor à fleurs et rinceaux fleuronnés en camaïeu.

156 — Deux jardinières faience blanche ajourée de Saint-Clément, décor à guirlandes de vignes.

157 — Deux appliques à deux lumières en porcelaine genre de Saxe.

158 — Deux vases en porcelaine de Chine rouge haricot.

159 — Plat en ancienne faience de Castelli, décor représentant des cuirassiers en armure, bordure à personnages et arabesques, cadre en bois noir.

160 – Grande coupe en porcelaine de Chine à personnages, monture en bronze ciselé et doré de style Louis XV.

OBJETS VARIÉS

161 — Carafe à vin en cristal, monture en métal.

162 — Deux pitongs en bois laqué.

163 — Quatre cadres dorés.

164 — Panneau décoré de sept petits sujets en laque du Japon.

165 — Grand vase en verre émaillé et doré de E. Gallé (signé).

166 — Applique en biscuit: buste d'homme du XVIIIe siècle, cadre doré.

167 — Médaillon rond : buveur, cadre noir.

168 — Service à punch en verre brun, composé d'une soupière, une cuiller, douze verres et un plateau en noyer.

169 — Statuette de femme nue en étain, formant fontaine. Signée : BARTHOLOMÉ.

170 — Deux vases en étain.

171 — Coupe en lapis-lazuli, monture en argent ciselé et doré enrichi de pierreries.

172 — Grand verre émaillé offrant de nombreuses armoiries et des inscriptions. Travail allemand.

173 — Petit coffret en bois sculpté gothique à rosaces.

OBJETS DE VITRINE

174 — Petite miniature : portrait de jeune fille, cadre style Louis XVI.

175 — Broche et deux boucles d'oreilles, aigues marines montées en or.

176 — Broche et deux boucles d'oreilles, améthystes montées en or.

177 — Petite montre émaillée.

178 — Quatre pièces: boîte en écaille, petits miniature sur ivoire, petit cadre en velours et médaillon à tête d'homme.

179 — Miniature ovale: portrait présumé de Mademoiselle Georges, tragédienne.

180 — Petit poignard à lame triangulaire, poignée en bronze ciselé. Petit pistolet.

181 — Deux jumelles de théâtre.

182 — Boîte octogonale en laque. Travail chinois.

183 — Coffret en thuya et bois noir incrusté de nacre, ornements en cuivre.

184 — Douze couteaux à manches d'argent et lames d'acier.

185 — Statuette et deux petits groupes en pierre de lard.

186 — Deux flacons forme ovoïde en bois sculpté.

187 — Quatre petites chimères sur socles cubiques en ivoire.

188 — Petite statuette de montagnard en cire.

189 — Pipe en écume sculptée offrant en relief un épisode militaire : Napoléon Ier à Montereau, monture en argent.

190 — OEuf de Pâques russe en verre taillé.

191 — Miniature sur porcelaine : portrait de femme tenant un masque, école anglaise.

192 — Miniature : bohémienne, cadre bois sculpté.

TABLEAUX

AQUARELLES — GRAVURES

193 — CANAMAZ. Petit griffon portant le *Figaro*.

194 — COYPEL (Attribué à). La chaste Suzanne et les deux vieillards.

195 — DETROY (Attribué à). Diane au milieu de ses nymphes.

196 — FLEURY (R.). Brigands dévalisant un moine.

197 — GOURDON (R.). Avant l'orage.

198 — GRIFT (Attribué à). Chiens et gibiers morts dans un paysage.

199 — GROS (Attribué au Baron). Portrait d'homme en costume de hérault d'armes sous Charles X.

200 — HARPIGNIES. Le Pont. Aquarelle.

201 — JORDAENS (Attribué à). L'enlèvement de Déjanire.

202 — LEEYENDECKER. Portrait de fillette en pied.

203 — LENFANT DE METZ. Le petit Apothicaire.

204 — COMTE PORION. Portrait de Napoléon III.

205-206 — RAPHAEL (D'après). Vénus et l'Amour, Ariane et Bacchant. Deux gouaches.

207 — ROBBE. Berger et son troupeau.

208 — RUBENS (D'après). Scène de bataille.

209 — SALMON. Intérieur de poulailler.

210 — SUPPARO (A.). Portrait d'une tragédienne. Aquarelle.

211 — TÉNIERS (D'après). Buveurs.

2!2 — TROUILLEBERT. Portrait d'homme.

213 — ECOLE ANCIENNE. Cortège de fête.

214 — ECOLE FRANÇAISE. Gibiers morts dans un parc. Deux petites peintures décoratives.

215 — ECOLE ITALIENNE. Paysage avec figure de femme portant un vase.

216 — ECOLE MODERNE. Sujet religieux.

217 — ECOLE MODERNE. Oiseaux morts.

218 — ECOLE MODERNE. — Le Bivouac.

219 — ECOLE MODERNE. Chèvre et ses petits. Cadre sculpté et doré.

220 — ECOLE MODERNE. Scènes de cabaret. Deux pendants.

221 — ECOLE MODERNE. Cheval de course.

222 — ECOLE MODERNE. Paysage. Aquarelle.

223 - ECOLE MODERNE. Le petit chaperon rouge.

224 — ECOLE MODERNE. Tête d'homme. Etude.

225 — ECOLE MODERNE. La loge de théâtre. Dessin rehaussé d'aquarelle.

226 — Deux gravures d'après FREUDBERG. Le petit jour ; Le soir.

227-228 — Sept gravures encadrées d'après Albert Durer et autres. Sera divisé.

229 — Gravure en couleur d'après Laurent : Amour endormi dans une coupe.

230-231 — Sept gravures diverses. Sera divisé.

TAPISSERIES, TAPIS

TENTURES, DENTELLES

232 — Ancienne tapisserie des Flandres, représentant une scène de mariage, bordure sur trois côtés.

233 — Quatre rideaux ou portières en étoffe d'Orient.

234 — Quatre rideaux en damas de soie rouge.

235 — Manteau chinois en broderie de soie sur fond jaune.

236 — Panneau en tapisserie au point figure allégorique.

237-238 — Deux tapis d'Orient.

239 — Quatre coupes en application d'Angleterre mesurant environ 3ᵐ10.

240 — Deux cols en application d'Angleterre et et guipure d'Irlande.

241 — Col en valenciennes, barbe en Chantilly, deux manchettes et un lot de dentelles diverses.

242 — Quatre mouchoirs brodés, un col et deux manchettes en guipure.

243 — Objets omis.

www.ingramcontent.com/pod-product-compliance
Ingram Content Group UK Ltd.
Pitfield, Milton Keynes, MK11 3LW, UK
UKHW031724170726
13836UKWH00001B/420